Bibliografische Information der Deutschen Nationalbibliothek:

Die Deutsche Bibliothek verzeichnet diese Publikation in der Deutschen National-
bibliografie; detaillierte bibliografische Daten sind im Internet über http://dnb.d-
nb.de/ abrufbar.

Impressum:

Copyright © 2006 GRIN Verlag, Open Publishing GmbH
Druck und Bindung: Books on Demand GmbH, Norderstedt Germany
ISBN: 978-3-638-90878-8

Dieses Buch bei GRIN:

http://www.grin.com/de/e-book/83677/das-scheitern-von-barbarossa-die-gruende-
fuer-den-sowjetischen-sieg

Jens Wittig

Das Scheitern von „Barbarossa". Die Gründe für den sowjetischen Sieg über das Deutsche Reich im Zweiten Weltkrieg

GRIN Verlag

GRIN - Your knowledge has value

Der GRIN Verlag publiziert seit 1998 wissenschaftliche Arbeiten von Studenten, Hochschullehrern und anderen Akademikern als eBook und gedrucktes Buch. Die Verlagswebsite www.grin.com ist die ideale Plattform zur Veröffentlichung von Hausarbeiten, Abschlussarbeiten, wissenschaftlichen Aufsätzen, Dissertationen und Fachbüchern.

Besuchen Sie uns im Internet:

http://www.grin.com/

http://www.facebook.com/grincom

http://www.twitter.com/grin_com

Technische Universität Dresden

Wintersemester 2005/2006

Philosophische Fakultät

Institut für Geschichte

Lehrstuhl für Zeitgeschichte Osteuropas

Hauptseminar:

Zweierlei Singularität. Stalinismus und Nationalsozialismus im Vergleich

Das Scheitern von „Barbarossa"
Die Gründe für den sowjetischen Sieg über das Deutsche
Reich im Zweiten Weltkrieg

Jens Wittig

Studiengang

Magister 7.Semester

Politikwissenschaft (HF)

Neuere/Neueste Geschichte (HF)

11.10.2006

1 Einleitung

„Sie haben etwa 180-200 Divisionen zur Verfügung, vielleicht auch etwas weniger, jedenfalls ungefähr soviel wie wir. An personellem und materiellem Wert sind sie mit uns überhaupt nicht zu vergleichen. Der Durchstoß geht an verschiedenen Stellen vor sich. Sie werden glatt aufgerollt. Der Führer schätzt die Aktion auf etwa 4 Monate, ich schätze viel weniger. Der Bolschewismus wird wie ein Kartenhaus zusammenbrechen. Wir stehen vor einem Siegeszug ohnegleichen."[1] Dies notierte der Propagandaminister des Dritten Reiches, Joseph Goebbels, sechs Tage vor Beginn des „Unternehmens Barbarossa", dem deutschen Angriff auf die Sowjetunion am 22. Juni 1941, in sein Tagebuch und verlieh damit seiner Beurteilung des künftigen Gegners Geltung.

Goebbels sollte mit seiner Geringschätzung nicht Recht behalten. Entlang der Linie Wolga-Archangelsk plante man ein Sperrgürtel gegen die asiatischen Gebiete der Sowjetunion, von wo aus die deutsche Luftwaffe die noch übrig gebliebenen Industriegebiete im Ural zerstören und das Land damit niedergeworfen und wirtschaftlich ausgebeutet werden sollte. Im Oktober 1941 schien die Rechnung des nationalsozialistischen Deutschlands beinahe aufgegangen zu sein. Die Rote Armee stand kurz vor dem Zusammenbruch, der deutschen Wehrmacht war eine der erfolgreichsten Offensiven der Geschichte gelungen, in der es etwa drei Millionen sowjetische Soldaten tötete oder gefangen nahm. Im darauf folgenden Winter jedoch konnte, kurz vor der Hauptstadt Moskau, der Vormarsch gestoppt und damit die Wende eingeleitet werden.[2]

Letztendlich verlor Hitler-Deutschland diesen Krieg 1945 endgültig. Wie kam es trotz der scheinbar – und zu Beginn des Feldzuges auch tatsächlich – drückenden Überlegenheit der deutschen Wehrmacht gegenüber der Roten Armee, welche auch Goebbels neben vielen anderen Gesichtspunkten zu seiner vollkommenen Siegesgewissheit trieb, dennoch zum Erfolg der Sowjetunion? Wie konnte das bis an die Zähne bewaffnete und auf dem Höhepunkt seiner Macht stehende Deutschland der Streitmacht eines Landes unterlegen sein, dessen Diktator wenige Jahre zuvor einen Großteil seines politischen und militärischen Führungsapparates ermorden ließ und dessen Wirtschaft keinesfalls auf festen Füßen stand? Mit den Gründen für dieses Faktum will sich die vorliegende Arbeit beschäftigen.

---

[1] Fröhlich, Elke (Hrsg.): Die Tagebücher von Joseph Goebbels, Teil 1, Aufzeichnungen von 1923-1941, Band 9, Dezember 1940 – Juli 1941, München 1998, S. 377 (16.06.1941).
[2] Vgl. Parker, Robert A.C.: Das Zwanzigste Jahrhundert I. Europa 1918-1945, Band 2: Vom Imperialismus zum Kalten Krieg, Frankfurt/Main 2003, S. 338.

Dem Resultat des sowjetischen Sieges liegt, wie bei nahezu allen historischen Vorgängen, ein höchst komplexes Ursachengeflecht zugrunde, das sich nicht mit einigen kurzen Erläuterungen erschließen lässt, ohne Ungereimtheiten bezüglich dem Ablauf der damaligen Ereignisse und ihren Auswirkungen zu hinterlassen. Demgemäß muss die Darstellung der angegebenen Thematik mehrere Faktoren beachten, kann jedoch nicht sämtliche Aspekte in gleicher Tiefe behandeln. Sie muss sich – um ihren gesetzten Rahmen nicht zu sprengen – auf die wesentlichsten Punkte beschränken. Aus diesem Grunde soll betont werden, dass die Auseinandersetzung zwischen dem Deutschen Reich und der Sowjetunion mit ihren Ergebnisse nicht als autarker Krieg betrachtet werden können. Vielmehr ist zu jedem Zeitpunkt die Interdependenz zu den zahlreichen anderen Schauplätzen des Zweiten Weltkriegs zu beachten. Beide Mächte waren in Allianzen eingebunden oder in andere Kämpfe verwickelt, aus denen sie – wie die Sowjets – Kräfte und Ressourcen zehren konnten oder – wie die Deutschen – selbige investieren mussten. Von einer näheren Betrachtung dieser Interdependenz wird in der Folge aber, sofern nicht zwingend notwendig, aus Platzgründen abgesehen.

Da der oberflächliche Verlauf des militärischen Konflikts beider Mächte – wie Schlachtordnungen und -resultate, Frontbewegungen oder taktische Manöver – in nunmehr über 60 Jahren seit Kriegsende in mannigfacher, mittlerweile fast unüberschaubarer Ausführung auf das Kleinste erforscht und publiziert worden ist, soll auch darauf an dieser Stelle verzichtet werden. Der erste Abschnitt dieser Arbeit befasst sich mit dem Maßnahmen und Handlungen, die die Sowjetunion als Reaktion auf den Angriff der deutschen Wehrmacht folgen ließ. Dies beinhaltet einerseits jene, die kurzfristig erfolgten. Dazu gehören die Evakuierung großer Teile der sowjetischen Rüstungsindustrie in die für den Gegner nicht zu erreichenden Teile im Osten des Landes sowie, falls eine solche Evakuierung aufgrund verschiedener Umstände nicht im Bereich des Möglichen lag, die Zerstörung der zurückgelassenen Industrieanlagen und Infrastruktur. Andererseits werden langfristige, sich über die gesamte Dauer des Krieges hinziehende Maßnahmen und Vorgänge näher beleuchtet, so etwa die Ausmaße und Effekte der Mobilisierung von Bevölkerung und Wirtschaft, ferner der Partisanenkrieg im Rücken der deutschen Streitkräfte. Im zweiten Abschnitt schließen sich die Erläuterungen über die Auswirkungen der alliierten Wirtschaftshilfe an die Sowjetunion und die Folgen der Bombardierungen des deutschen Kerngebietes durch die Luftstreitkräfte Großbritanniens und der Vereinigten Staaten für die deutsche Kriegführung an. Der dritte und letzte Abschnitt weist auf Probleme und Fehler hin, die von Seiten des Deutschen Reiches auftraten und letztendlich zur Niederlage entscheidend beitrugen.

Dementsprechend wird das Bild der deutschen Führung von der Kampfkraft der Sowjetunion und ihrer Fähigkeit zur Verteidigung dargelegt, darauf fußend die Fehler im strategischen Konzept des Blitzkrieges und in der Wirtschaftsplanung. Schließlich finden auch Faktoren wie die Schlechtwetterbedingungen am Kriegsschauplatz, die Krise beim deutschen Nachschubtransport und militärische Planungsfehler Beachtung.

Besonders hervorzuheben sind bei der Untersuchung dieses Kontextes die Werke Richard Overys, „Die Wurzeln des Sieges"[3] und „Russlands Krieg"[4]. Der Autor betrachtet darin, vordergründig aus der Sicht der Westmächte und der Sowjetunion, die Geschehnisse in diesem Konflikt von allen Seiten und geht, im Gegensatz zu zahlreichen anderen Darstellungen, nicht davon aus, dass die Alliierten den Zweiten Weltkrieg per se gewinnen mussten, sondern berücksichtigt sämtliche, wenn auch sehr kleine Eventualitäten. Hinsichtlich ihrer detaillierten Ausführung unübertroffen ist die Reihe „Das Deutsche Reich und der Zweite Weltkrieg"[5], auf welche wohl jede diesen Zeitraum behandelnde Untersuchung zurückzugreifen hat.

---

[3] Overy, Richard: Die Wurzeln des Sieges. Warum die Alliierten den Zweiten Weltkrieg gewannen, Stuttgart/München 2000.
[4] Overy, Richard: Russlands Krieg 1941-45, Hamburg 2003.
[5] Militärgeschichtliches Forschungsamt (Hrsg.): Das Deutsche Reich und der Zweite Weltkrieg, 9 Bände, Stuttgart 1979-2005.

2 Die Gründe für den sowjetischen Sieg über das Deutsche Reich

2.1 Sowjetische Maßnahmen

2.1.1 Evakuierung der Industrie und Zerstörungsaktionen

Eine der bemerkenswertesten sowjetischen Leistungen während des Krieges war die Verlagerung einer Vielzahl von Fabriken und Arbeitern in den Osten des Landes, um sie vor der Vernichtung oder Vereinnahmung durch die näher rückende deutsche Armee zu bewahren. Die Evakuierung der Industrieanlagen bewahrte die sowjetischen Kriegsanstrengungen vor einer Katastrophe.[6]

Aus den unmittelbar gefährdeten Gebieten in der Nähe der Front wurden ab Juli 1941 über 1360 industrielle Großbetriebe – überwiegend der Rüstungswirtschaft – sowie deren Fabrikations- und Werkzeugmaschinen nach Osten überführt. Gleichzeitig konnten Vorräte und andere bewegliche Güter von Kolchosen und Sowchosen abtransportiert werden, außerdem ein große Anzahl von Facharbeitern. Die Hauptziele bildeten dabei das Uralgebiet, Westsibirien, Mittelasien und Kasachstan.[7] Zwar war die Reihenfolge der zu transportierenden Güter genau festgelegt. Die Umsetzung dessen in die Realität war jedoch vielfach nicht möglich, da die Aktionen in größter Eile erfolgten und es vor dem deutschen Angriff keine konkreten Pläne für die Verlagerung von Produktionskapazitäten im Falle einer ungünstigen militärischen Lage gab.[8]

Im Wesentlichen gab es für die Evakuierungen drei Motive: Zum Ersten die Sicherung von Menschen, Inventar und Ausrüstungen vor den Deutschen, zum Zweiten durften der Wehrmacht keine Produktivkräfte überlassen werden, von denen deren Kriegsmaschinerie profitieren könnte, zum Dritten sollte das Produktionspotenzial der östlichen Landesteile durch Überführung wesentlich erhöht werden.[9]

Auf deutscher Seite hatte man vor dem Krieg ein eher negatives Bild von der Leistungsfähigkeit des sowjetischen Transportwesens, insbesondere der Eisbahnen. Infolgedessen stellten diese Vorgänge eine große Überraschung dar. Besonders von Nachteil für die deutschen Absichten war dabei die Rückführung des dringend benötigten Breitspurmaterials, vor allem der Lokomotiven. Außerdem wurden von sowjetischer Seite mit

---

[6] Vgl. Overy: Wurzeln des Sieges, S. 234.
[7] Vgl. Schüler, Klaus A. Friedrich: Logistik im Russlandfeldzug. Die Rolle der Eisenbahn bei Planung, Vorbereitung und Durchführung des deutschen Angriffs auf die Sowjetunion bis zur Krise vor Moskau im Winter 1941/42, Frankfurt/Main 1987, S. 250ff.
[8] Vgl. Segbers, Klaus: Die Sowjetunion im Zweiten Weltkrieg. Die Mobilisierung von Verwaltung, Wirtschaft und Gesellschaft im "Großen Vaterländischen Krieg" 1941 - 1943, München 1987, S. 91f.
[9] Vgl. ebenda, S. 92.

Hilfe der Bevölkerung teilweise kilometerlang die Schienen abgebaut und Betriebsunterlagen vernichtet oder mitgenommen, so dass die Strecken auf erobertem Gebiet oft zeitraubend erkundet und neu aufgebaut werden mussten.[10] Die deutschen Erwartungen, zur raschen Inbetriebnahme der eroberten Strecken größere Mengen an rollendem russischem Material zu erbeuten, erfüllten sich also nicht.[11] Der Nachschub basierte anfangs auf dem motorisierten Transportraum. Da nun kaum Entlastung durch die Eisenbahn erfolgte, mussten die Folgen für die deutsche Kriegsplanung spürbar werden, zumal nun aus der Heimat Gerät abgezogen wurde, das eigentlich auch dort dringend nötig war.[12]

Wo es für die Sowjets aufgrund des schnellen Vordringens der deutschen Wehrmacht keine Möglichkeit bestand, Evakuierungen vorzunehmen, veranlasste die Führung eine „Politik der verbrannten Erde". Bevor wertvolle Güter und Rohstoffe dem Feind in die Hände fallen, sollten sie vernichtet werden. Sofern es im überhasteten Rückzug noch möglich war, wurden in den bedrohten Zentren und Städten des Landes Zerstörungen größtmöglichen Ausmaßes vorgenommen.[13] Strecken, Schienen, Bahnhofsgebäude und Betriebsanlagen, Eisenbahnnachrichtenmittel, Brücken, rollendes Material, Stromversorgungsanlagen oder auch nicht transportierbare Lebensmittel zerstörte oder verbrannte man, um dem Gegner die frühzeitige Aufnahme des Eisenbahnbetriebes zu erschweren und den Vormarsch durch die Beeinträchtigung der Nachschubverbindungen deutlich zu verlangsamen bzw. zum Stehen zu bringen.[14]

2.2 Mobilisierung der Bevölkerung

Nach Ausbruch des Krieges auf sowjetischem Boden galt das Prinzip des „totalen Krieges" als oberste Richtlinie auch auf ziviler Ebene. Ein mitentscheidender Grund für die letztendliche Überlegenheit der Roten Armee gegenüber der Wehrmacht ist die Tatsache, dass die Bevölkerung des Landes bis an die Grenzen der Belastbarkeit mobilisiert werden konnte. Um den Verlust von Arbeitskräften durch das Kriegsgeschehen zu kompensieren, mussten die Steuerungsinstanzen verschiedene Maßnahmen ergreifen: Die Arbeitszeit – vor allem in der Rüstungsindustrie – wurde wesentlich verlängert, Beschäftigte formell „mobilisiert" und damit an ihrem Arbeitsplatz „eingefroren", um einer Fluktuation von Arbeitskräften durch Militarisierung entgegenzuwirken. Urlaub konnte nicht in Anspruch genommen werden,

---

[10] Vgl. Schüler: Logistik im Russlandfeldzug, S. 252f.
[11] Vgl. ebenda, S. 257.
[12] Vgl. ebenda, S. 264.
[13] Vgl. Hoffmann, Joachim: Die Kriegführung aus Sicht der Sowjetunion, in: Boog, Horst / Förster, Jürgen / ders. / Klink, Ernst / Müller, Rolf-Dieter / Ueberschär, Gerd R.: Der Angriff auf die Sowjetunion, Frankfurt/Main 1996, S. 868.
[14] Vgl. Schüler: Logistik im Russlandfeldzug, S. 258ff; vgl. auch Overy: Wurzeln des Sieges, 234f.

Überstunden waren obligatorisch. Arbeitskräfte aus weniger kriegswichtigen Wirtschafts- und Verwaltungsbereichen wurden in die Rüstungsindustrie umgeleitet, die Arbeit durch neue technische Verfahren und Methoden zur Erhöhung der Produktivität intensiviert.[15] Zusätzlich diente die Einführung einer Arbeitspflicht der Leistungssteigerung. Auch Frauen, Kinder und nicht oder nicht mehr berufstätige Bevölkerungsgruppen konnte man so nachhaltig in den Arbeitsprozess einbinden. Damit diese Maßnahmen fruchteten, musste aus jedem Arbeitsfähigen das Höchstmaß an möglicher Leistung herausgeholt werden. Die Arbeitsnormen stiegen übermäßig. Bei Nichterfüllung, eigenmächtigem Verlassen der Arbeitsstelle oder anderer Vernachlässigung der Arbeitsdisziplin drohten rigorose Strafmaßnahmen.[16]

Hieraus erschließt sich ein typischer Charakterzug der sowjetischen (Kriegs-)Politik unter Stalin: Menschen und Material wurden in großem Stil quasi „verschwendet". Die Vermeidung von Verlusten fand in den Vorgaben der Führung keine Beachtung, unausgebildete Industriearbeiter wurden als „Kanonenfutter" an die Front geschickt. Dementsprechend berücksichtigte man bei der Planung militärischer Operationen nicht die möglichen Verluste an Menschen und Ausrüstung.[17]

Im Zusammenhang betrachtet konnte die Sowjetunion durch die einzelnen Maßnahmen – trotz deren unterschiedlich großer Erfolge – ein Volumen an Arbeitsproduktivität erzeugen, das sich zumindest auf dem Gebiet der Grundstoff- und Rüstungsindustrie als den Bedürfnissen entsprechend ausreichend erwies.[18]

2.3 Mobilisierung der Wirtschaft

Zwar wurde die frühere Gesamtproduktionsmenge der sowjetischen Wirtschaft während der gesamten Länge des Krieges nie wieder erreicht. Dennoch konnte die in den Osten des Landes evakuierte Rüstungs- und Schwerindustrie – nach anfänglich großen Schwierigkeiten – in beträchtlichem Maße expandieren. Diese Erneuerung der Wirtschaftsordnung geschah entgegen aller Erwartungen.[19] Im Jahre 1942 gelang es, das Netz von Industrie, Transportwesen und Rohstoffen wiederherzustellen. Die Waffenproduktion stieg über die des Gegners, wobei die Waffen von weit besserer Qualität waren als ihre Vorgängermodelle. Die

---

[15] Vgl. Segbers: Sowjetunion im Zweiten Weltkrieg, S. 193.

[16] Vgl. Hoffmann: Kriegführung aus Sicht der Sowjetunion, S. 871.

[17] Vgl. Harrison, Mark: „Barbarossa": Die sowjetische Antwort, 1941, in: Wegner, Bernd (Hrsg.): Zwei Wege nach Moskau. Vom Hitler-Stalin-Pakt zum „Unternehmen Barbarossa", München 1991, S. 453.

[18] Vgl. Segbers, Sowjetunion, S. 193. Zur ausführlichen Darstellung von Rekrutierung, Qualifizierung und Strukturveränderungen in der sowjetischen Arbeiterschaft als Folge des „Unternehmens Barbarossa" vgl. ebenda, S. 193-246; vgl. auch Harrison, Mark: Soviet planning in peace and war 1938-1945, Cambridge u.a. 1985, S. 142-158.

[19] Vgl. Harrison: Soviet planning, S. 81-85.

vormalige Ungleichheit auf diesem Gebiet wurde umgekehrt. Aufgrund der Gebietsverluste aus dem Jahr 1941 konnten die Rohstoffmengen (Kohle, Eisen, Stahl) nicht ausgeglichen werden, jedoch konzentrierte man die verfügbaren Mengen dezidiert auf die Herstellung von dringend kriegsnotwendigen Gütern. Infolgedessen überstieg die sowjetische Rüstungsproduktion die deutsche 1943 um Längen. Zur Jahresmitte konnten ein Drittel mehr Flugzeuge, fast doppelt so viele Panzer und dreimal so viele Artilleriegeschütze fertig gestellt werden. Dies alles bei der Tatsache, dass die Produktionskapazitäten und die Rohstoffgrundlage der Sowjetunion schlechter waren als die des Deutschen Reiches, welches das Kerngebiet Europas besetzte. Auch ihre Arbeiterschaft zeigte sich technisch weniger gut ausgebildet.[20]

Die Gründe für die gewaltige Leistung der sowjetischen (Rüstungs-)Industrie sind vielschichtig. Eine nicht unwesentliche Rolle spielt der Umstand, dass das Wirtschaftssystem des Landes eine staatlich und zentralistisch geleitete Kommandowirtschaft war. Auf Interessen eines privaten Kapitalmarktes musste keine Rücksicht genommen werden, ebenso wenig auf jene der Arbeiterschaft und eventuelle Kompromisse in deren Tätigkeitsfeldern. Widerwillige oder inkompetente Angestellte oder Arbeiter wurden in Arbeitslager und Strafkolonien verbannt, um dort in Gefangenschaft auf andere Art und Weise der Kriegswirtschaft zu dienen.[21] Immer höhere Arbeitsnormen und Denunzierungen von Arbeitern durch zahlreiche Spitzel als angebliche Feinde oder Saboteure des Systems dienten – ob von der Regierung gewollt oder ungewollt, sei dahingestellt – der weiteren Motivation. Die katastrophalen Lebensbedingungen in den Arbeitslagern hatten abschreckende Vorauswirkung.[22]

Dennoch konnten die erzielten Erfolge nicht nur darauf basieren, allein durch die Angst der Arbeiter vor diesen Strafen konnten keine größeren Mengen an Waffen produziert werden. Vielmehr baute man auf die reichhaltige Erfahrung mit planwirtschaftlichen Vorgängen seit den 1920er Jahren. Die bei Ausbruch des Krieges notwendig gewordenen Evakuierungen erforderten eine ausgereifte Planung für die wirtschaftliche Entwicklung in unerschlossenen Regionen – ein Gebiet, welches für sowjetische Funktionäre zu diesem Zeitpunkt keinesfalls eine Neuigkeit darstellte.[23]

---

[20] Vgl. Overy: Wurzeln des Sieges, S. 237.
[21] Vgl. ebenda; ausführlich zur Rolle der sowjetischen Arbeitslager im Krieg: Dallin, David J. / Nicolaevsky, Boris: Arbeiter oder Ausgebeutete? Das System der Arbeitslager in Sowjet-Russland, München 1948, S. 123-138.
[22] Vgl. Werth, Nicolas: Ein Staat gegen sein Volk. Das Schwarzbuch des Kommunismus – Sowjetunion, München 2002, S. 205.
[23] Vgl. Overy: Wurzeln des Sieges, S. 238.

Da eine zentral gelenkte Planung gleich der in Friedenszeiten angesichts der Übernahme vieler planwirtschaftlicher Schlüsselelemente durch die deutsche Wehrmacht nahezu unmöglich war, richtete die Führung der Sowjetunion ein System der Notmaßnahmen ein.[24] Der Vorsitzende des staatlichen Plankomitees, Nikolaj Wosnessenskij, wurde im Juli 194 beauftragt, einen Kriegswirtschaftsplan auf Grundlage der Gebiete um Wolga, Ural und Westsibirien auszuarbeiten. Er bildete aus den für die Rüstungsproduktion zuständigen Volkskommissariaten ein „Industriekabinett", welches weit von der Frontlinie entfernt ein Jahr lang unzählige Notmaßnahmen entwarf, stets unter hohem Zeitdruck und mit zahlreichen Improvisationen und Zwangsmaßnahmen. Die Durchsetzung der Notprogramme bedurfte allerdings einer Unterordnung des gesamten wirtschaftlichen, politischen und zivilen Lebens unter die Erfordernisse der Rüstungsproduktion. Bis Wosnessenskij mittels einer Prioritätenliste durchsetzen konnte, dass Facharbeiter nicht zum Militär eingezogen werden, musste er sehr häufig um den Erhalt der Arbeitskräfte für die Fabriken kämpfen.[25] Im Zuge der deutschen Sommeroffensive 1942 konnte die Rote Armee mittels Improvisationen mit Material und Waffen versorgt werden, ab Herbst jedoch wurde aufgrund steigender Ineffizienz erneut eine größere zentrale Planung notwendig. Die Verteilung von Arbeitskräften übernahm im November ein zentrales Komitee, am 8. Dezember übergab man Wosnessenskij wieder die Leitung der nationalen Planungsbehörde. Er bekam nun auch die Mittel zugesprochen, um seine Pläne konsequent durchzusetzen, so dass auch 1943 ein nationaler Wirtschaftsplan erarbeitet werden konnte.[26]

Insgesamt belief sich der Beitrag der Sowjetunion zum gesamten Kriegsmaterial der Alliierten auf etwa dieselbe Menge wie der Großbritanniens und auf die Hälfte der der Vereinigten Staaten. Die deutsche Gesamtproduktion übertraf man um zwei Drittel.[27] Die Effektivität der sowjetischen Planung war in der Einfachheit und Größenordnung der Vorgaben durch die Führung begründet. Eine breite Palette verschiedener Waffentypen wie auf deutscher Seite gab es nicht. Die Entwickler konzentrierten sich auf die Verbesserung der vorhandenen Modelle, konnten dabei schnell zum Standard des Gegners aufschließen. Die Fertigung folgte in sehr großen Mengen und robuster Konstruktion. So übertrafen beispielsweise die Industrien im Ural-Wolgagebiet und in Westsibirien die ohnehin schon sehr hohe Vorgabe von 22.000 zu produzierenden Panzern für das Jahr 1942 noch um die Stückzahl von 3.000.[28]

---

[24] Vgl. Harrison: Soviet planning, S. 174f.
[25] Vgl. Overy: Wurzeln des Sieges, S. 238f.
[26] Vgl. Harrison: Soviet planning, S. 193f.
[27] Vgl. Harrison: „Barbarossa", S. 450.
[28] Vgl. Overy: Wurzeln des Sieges, S. 239f.

2.4 Partisanenkrieg

Vor allem im Operationsgebiet der Heeresgruppen Mitte und Nord hatte das Phänomen der Partisanenbewegung seit den Frühjahrs- und Sommerschlachten des Jahres 1942 den deutschen Bemühungen, die eroberten Territorien zu befrieden, erhebliche Probleme bereitet. Obgleich der Partisanenkrieg zu den durch die historische Forschung am schwersten greifbaren und zu beurteilenden Erscheinungen des Zweiten Weltkrieges gehört,[29] ist jedoch unbestritten, dass er für die deutschen Besatzer sehr unangenehme Konsequenzen hatte, sowohl auf der politischen und psychologischen als auch auf wirtschaftlich-sozialer Ebene.[30]

Die von der sowjetischen Führung massiv unterstützte Sabotage im Rücken der Front hatte die Erbeutung deutscher Waffen, die Zerstörung von Panzern und Flugzeugen, die Vernichtung von Transportzügen und Lastwagenkonvois oder unbemerkte Feinderkundung zum Ziel, womit sie den deutschen Nachschub zum Teil erheblich behindern konnte.[31] Hitler gab daher im Sommer 1942 Richtlinien zur Partisanenbekämpfung heraus, in deren Folge „bis zum Beginn des Winters [.] diese Banden im Wesentlichen ausgerottet und damit der Osten hinter der Front befriedet werden [müsse], um entscheidende Nachteile für die Kampfführung der Wehrmacht im Winter zu vermeiden."[32] Dies gelang zu keinem Zeitpunkt. Hitlers Weisung Nr. 46 steht im klaren Gegensatz zu der eigentlich erforderlichen besatzungs-politischen Wende.[33]

Eine vom Ministerium für die besetzten Ostgebiete und verschiedenen militärischen Dienststellen favorisierte Kollaborationsstrategie mit der örtlichen Bevölkerung hätte eher einen Befriedungseffekt haben können als die systemtypisch anberaumte Repressions- und Vernichtungspolitik.[34] Die von Hitler befürchteten „entscheidenden Nachteile für die Kampfführung" bewahrheiteten sich somit.

---

[29] Vgl. Wegner, Bernd: Der Krieg gegen die Sowjetunion 1942/43, in: Boog, Horst / Rahn, Werner / Stumpf, Reinhard / ders.: Das Deutsche Reich und der Zweite Weltkrieg, Band 6: Der globale Krieg. Die Ausweitung zum Weltkrieg und der Wechsel der Initiative 1941-43, Stuttgart 1990, S. 911.

[30] Vgl. Wegner: Krieg gegen die Sowjetunion, S. 926.

[31] Vgl. Werth, Alexander: Rußland im Krieg 1941-1945, München 1967, S. 525; in Weißrussland beispielsweise gab es Ende 1943 360.000 Partisanen, in der Ukraine 220.000; vgl. ebenda, S. 529.

[32] Hitlers Weisung Nr. 46 vom 18. August 1942, in: Hubatsch, Walther (Hrsg.): Hitlers Weisungen für die Kriegführung 1939-1945. Dokumente des Oberkommandos der Wehrmacht, München 1965, S. 233.

[33] Vgl. ebenda, S. 232-237.

[34] Vgl. Wegner: Krieg gegen die Sowjetunion, S. 926.

2.5   Weitere Faktoren

Als auffallend während des gesamten Krieges erwiesen sich die Hartnäckigkeit der sowjetischen Kriegsanstrengungen und der Siegeswille des einzelnen Soldaten. Eine im Vergleich zu den anderen Kriegsbeteiligten sehr hohe Todesrate und der fanatische Widerstand hatten mehrere Ursachen. Einerseits erfolgten durch die Kriegführung der Sowjetunion selbst zahlreiche Verluste. In der Roten Armee gab es ein sehr strenges Disziplinarrecht, das Kollektiv – in dem Fall die Armee als Ganzes – hatte Vorrang vor dem Individuum, das Leben des einfachen Soldaten einen geringeren Stellenwert als das zu erreichende Gesamtziel. Insbesondere lag es aber schon zu Zeiten der zaristischen Armee tief in der russischen Militärtradition, die Opferbereitschaft des Soldaten als Prüfstein für die Moral der Truppe anzusehen. Auf Pflichtversäumnis oder Desertation wurde mit Hinrichtungen und der Verbannung in Strafbatallione reagiert. Die Höherschätzung des Kollektivismus vor der Individualisierung in der Armee deckte sich auch mit der diesbezüglich gleichen, in Russland kulturell tief verankerten Einstellung.[35]

Überdies wirkte sich auch ein Umdenken an der politischen Spitze der Sowjetunion sehr positiv auf die Kriegführung aus. Auf dem Höhepunkt des Krieges erkannte Stalin, dass ihm die grundlegende Befähigung zum Oberbefehlshaber der Streitkräfte nicht zu eigen war. Er benannte den erfahrenen und sehr fähigen Marschall Georgi Schukow zum Ersten Stellvertreter des Obersten Befehlshabers und läutete damit seinen schrittweisen Rückzug aus der Rolle des alleinigen Oberkommandierenden ein. Zwar informierte sich Stalin nach wie vor genauestens über die Frontlage und gab die letztendlich einzuschlagende Richtung vor, nahm – im Gegensatz beispielsweise zu Hitler – aber vernünftig erscheinende Ratschläge an und beugte sich dem Urteil seiner führenden Militärs. In der Folge wurde der politische Einfluss auf die Armee ab dem Jahr 1942 immer stärker eingegrenzt. Planung und Durchführung von operativen, nachrichtentechnischen und versorgungsbezogenen Kriegsanstrengungen war nun verstärkt Aufgabe des Generalstabes, weniger des auch mit Politikern besetzten Militärrates. Dadurch wurde eine weitaus effizientere Kriegführung ermöglicht.[36]

---

[35] Vgl. Overy: Russlands Krieg, S. 326ff.
[36] Vgl. ebenda, S. 291f.

3 Alliierte Hilfe

3.1 Wirtschaftshilfe

Die wiedergewonnene Stärke der sowjetischen Wirtschaft war nicht allein das Resultat der inneren Maßnahmen. Erst die Lieferungen von Waffen, Rohstoffen und Lebensmitteln von den Verbündeten verhalfen den Sowjets zu einem weiteren entscheidenden Vorteil gegenüber dem Deutschen Reich.

Im Gegensatz zu der weit verbreiteten Annahme überstiegen die ökonomischen Ressourcen in den mittleren Kriegsjahren noch nicht eindeutig die der Achsenmächte. Auch der Kriegseintritt der USA vermochte daran nicht sofort etwas zu verändern. Die Vereinigten Staaten hatte über Jahre kontinuierlich Abrüstung und Isolationspolitik betrieben und waren zu diesem Zeitpunkt noch keine größere Landmacht. Deutsche Diplomaten berichteten infolgedessen nach Berlin, dass es noch mehrere Jahre dauern würde, bis sich das massive Potenzial der amerikanischen Wirtschaft auf entsprechend ausgerüstete Streitkräfte niederschlagen könne. Dies erwies sich im Nachhinein als grobe Fehleinschätzung. Die Wirkung trat bereits innerhalb weniger Monate ein. Die amerikanische Konsumgesellschaft konnte sehr schnell mobilisiert werden, was schon ab dem Jahr 1943 substanzielle Transfers von Ressourcen der USA zu ihren Verbündeten ermöglichte und somit als Grundlage für deren Erfolg diente.[37]

Der schwerwiegendste Mangel auf sowjetischer Seite war zu Beginn des Krieges auf dem Gebiet des Fernmeldewesens und der Funkaufklärung zu finden. Aufgrund einer permanenten Knappheit an Funkausrüstung erwies es sich in den ersten Kriegsmonaten als nahezu unmöglich, den Einsatz größerer Mengen von Panzern und Flugzeugen effektiv zu koordinieren, selbst Infanterieeinheiten konnten nur schwer zusammengehalten werden. Ein abgehender Funkruf wurde zumeist sofort von den Deutschen abgefangen, die Befehlsstelle, die ihn abgesetzt hatte, daraufhin mit Flugzeugen und Panzern angegriffen. In der Folge machten die Sowjets nur sehr selten Gebrauch von diesen Gerätschaften. In den Abwehrschlachten der Jahre 1941 und 1942 brach das Fernmeldesystem völlig zusammen. Ein funktionierendes Fernmeldenetz hatte für den Erfolg in Massenoperationen – wie denen von 1943/44 – jedoch eine zentrale Bedeutung.[38]

---

[37] Vgl. Overy: Wurzeln des Sieges, S. 235.
[38] Vgl. Overy: Russlands Krieg, S. 299f.

Möglich wurde der Erfolg erst durch umfangreiche Lieferungen aus den Vereinigten Staaten und dem britischen Commonwealth. Im Rahmen der 1941 mit den USA und Großbritannien vereinbarten Kriegshilfe erhielt die Sowjetunion 35.000 Funkstationen, 380.000 Feldtelefone und über 1,5 Millionen Kilometer Telefondraht (s. Tabelle 1). So konnte hinter der Front ein Netz von Funkleitstellen eingerichtet werden. Die Flugzeuge wurden schneller an taktische Ziele herangeführt, die Panzerverbände weit besser zusammengehalten. Die Feuerkraft stieg dadurch in erheblichem Maße. 1942 richtete die Rote Armee einen Funkhorchdienst ein, mit dessen Hilfe der deutsche Funkverkehr abgehört, seine Frequenzen gestört und gezielt mit Desinformation attackiert werden konnte. In den Sommerschlachten von 1943 ging der Funkverkehr der Deutschen dadurch um zwei Drittel zurück. Auch die Funkaufklärung und Funkabwehr wurden wesentlich verbessert. Deutsche Aufstellungen und Ziele waren nun sehr viel klarer zu erkennen. Über das Funknetz wurden Taktiken zur Täuschung des Feindes entwickelt, Umfang, Lage und Absicht der Roten Armee konnten von deutscher Seite nur sehr schwer bestimmt werden.[39]

Die sowjetische Zeitgeschichtsschreibung bestritt nach dem Krieg, dass die von den Verbündeten gelieferten Rüstungsgüter mehr als eine lediglich untergeordnete Wirkung hatten oder kriegsmitentscheidend gewesen wären. Dies erweist sich jedoch als unzutreffend. Richtig ist, dass die Hilfe aus dem Westen nur vier Prozent des sowjetischen Munitionsbedarfs während des gesamten Krieges abdeckte. Die Gesamtmenge an gelieferten Rüstungsgütern machte verglichen mit der von den Sowjets forcierten Massenproduktion nur einen sehr geringen Teil aus. Der Schwerpunkt allerdings lag nicht bei der Unterstützung in Form von Waffen. Obgleich die Unterstützung größtenteils erst in den Jahren 1943 und 1944 eintraf, stellten die westlichen Alliierten rund ein Drittel des sowjetischen Kontingents an Fahrzeugen im Kriegseinsatz, so etwa Jeeps, leichte Lkw und schwere Militärlastwagen (s. Tabelle 1), die sich grundsätzlich von besserer Qualität und Haltbarkeit zeigten und großer Beliebtheit bei den Soldaten erfreuten.

Bereits seit den Kämpfen um Stalingrad konnten diese Fahrzeuge trotz ihres rein zahlenmäßig geringeren Anteils dem sowjetischen Nachschub die erforderliche Mobilität gewährleisten, die spätestens ab 1944 der des Gegners weit überlegen war. Auch andere kriegswichtige Nachschubgüter stammten zu großen Teilen von den westlichen Alliierten. Sie stellten rund die Hälfte des sowjetischen Bedarfs an Flugbenzin, Sprengstoffen, Kupfer, Aluminium und Gummireifen. Wichtigster Beitrag waren die Lieferungen für das stark belastete Eisenbahnnetz. So kamen 56,6 Prozent der im Krieg verlegten Schienen aus den

---

[39] Vgl. ebenda, S. 300.

Vereinigten Staaten, zusätzlich 1.900 Lokomotiven und 11.075 Güterwaggons.[40] Dem Gewicht nach bestand fast die Hälfte der alliierten Hilfe für die Sowjetunion aus Lebensmitteln.[41]

Tabelle 1: Ausgewählte amerikanische Kriegslieferungen an die Sowjetunion 1941-1945

Flugzeuge	14.203
Jäger	9.483
Bomber	3.771
Panzer	6.196
Lkws	363.080
Jeeps	43.728
Motorräder	32.200
Sprengstoff (in Tonnen)	325.784
Funkstationen	35.089
Feldtelefone	380.135
Funkempfänger	5.899
Telefondraht (in Kilometer)	1.530.000
Fleischkonserven (in Tonnen)	782.973
Stiefel (in Paaren)	14.793.000
Gürtel	2.577.000
Kupfer (in Tonnen)	399.599
Aluminium (in Tonnen)	261.311

Quelle: Overy: Russlands Krieg, S. 303

Die im ersten Abschnitt dieser Arbeit erläuterten, außerordentlichen Anstrengungen und Leistungen der sowjetischen Wirtschaft stehen im Vergleich mit der Kriegshilfe der westlichen Verbündeten keinesfalls im Hintergrund. Aber nur aufgrund der umfangreichen Lieferungen war es den Sowjets möglich, ihre eigene Produktion auf die an der Front benötigten Rüstungsgüter zu konzentrieren und nur in geringem Maße die ausreichende Herstellung von Maschinen, Werkstoffen und Konsumgütern beachten zu müssen. Die nach dem deutschen Angriff um wesentliche Teile dezimierte Wirtschaft hätte die Gesamtproduktion des Gegners an Panzern, Kanonen und Flugzeugen andernfalls nicht übertreffen können. Ohne westliches Material zum Bau von Schienenwegen, Fahrzeugen und Treibstoff wären das Transportsystem mangels Mobilität und in der Folge auch die gesamten sowjetischen Kriegsanstrengungen nicht aufrechterhalten geblieben. Auch der wissenschaftliche und technische Wissenshintergrund, den rund 15.000 sowjetische

---

[40] Sowjetischen Fabriken produzierten insgesamt lediglich 92 Lokomotiven und 1.087 Güterwaggons.
[41] Vgl. Overy: Russlands Krieg, S. 302f.

Funktionäre und Ingenieure während des Krieges durch den Besuch in amerikanischen Fabriken und militärischen Einrichtungen erlangen konnten, verhalfen dem technischen Fortschritt zu rasanter Entwicklung.[42]

3.2 Alliierte Bombenoffensive auf deutschem Boden

Die Deutschen standen spätestens nach dem Kriegseintritt der Vereinigten Staaten vor großen strategischen Problemen. Die Bombardierung deutschen Bodens durch die britische Royal Air Force (RAF) und US Army Air Force brachte weitläufige Zerstörungen und Verheerungen auch in den Wohnbezirken von deutschen Städten, in denen unmittelbar oder in deren Nähe sich Ziele von militärischer Relevanz befanden. Vor allem in der Endphase des Krieges vermischten sich so Bombardements von Punktzielen und Flächenbombardements. Das Ziel der Angriffe – welches auch erreicht wurde – war neben der Zerstörung der deutschen Infrastruktur, Rohstoffreserven und Fabriken die Steigerung von Verwirrung und Panik in den Städten, die aufgrund des Vorrückens der Roten Armee in Furcht versetzt und mit Flüchtlingen überfüllt erschienen. Einen gewichtigen Punkt stellte auch die Entlastung der Sowjets dar, indem militärische Kräfte der Deutschen in deren Kerngebiet gebunden und der deutsche Nachschub für die Ostfront in seinen Bewegungen gehemmt wurde.[43]

Einerseits wuchs für das Deutsche Reich demnach die Bedrohung durch die Vereinigten Staaten und Großbritannien, andererseits mussten die militärischen Möglichkeiten der Sowjetunion eingeschränkt werden, bevor alliierte Truppen wieder auf das europäische Festland zurückkehrten. Bis zum Herbst 1942 konnten beispielsweise rund 60 Prozent der deutschen Luftwaffe an der Ostfront eingesetzt werden. Aufgrund der Luftoperationen der Briten und Amerikaner änderte sich dieses Verhältnis. Nach der Niederlage in der Panzerschlacht bei Kursk wurde die Luftwaffe im Osten zu einer Randerscheinung, da eine Vielzahl ihrer Flugzeuge – insbesondere die Jäger – an die Heimatfront zurückbeordert werden mussten.[44]

---

[42] Vgl. ebenda, S. 304.
[43] Vgl. Greenfield, Kent R.: Die amerikanische Luftkriegführung in Europa und Ostasien 1942-1945, in: Hillgruber, Andreas (Hrsg.): Probleme des Zweiten Weltkriegs, Köln/Berlin 1967, S. 304f.
[44] Vgl. Murray, Williamson: Der Luftkrieg von 1914 bis 1945, Berlin 2000, S. 140f.

4 Deutsche Fehler und Probleme

4.1 Das Bild von der Sowjetunion vor „Barbarossa"

Die Informationen über die Kampfkraft und Leistungsfähigkeit der Sowjetunion und der Roten Armee waren auf deutscher Seite rudimentär. Sie gründeten in erster Linie auf den Erfahrungen des Ersten Weltkriegs und verschiedenen Eindrücken, die führende Militärs aus Besuchen in der Sowjetunion in der Zwischenkriegszeit gewannen. Die in Europa weit verbreitete Antikommunismus und die sowjetische Abschottungspolitik trugen ebenfalls zur verkehrten Wahrnehmung bei.[45]

Demnach wurden zwei Elemente der Lagebeurteilung in militärischen Führungskreisen verbunden: Einerseits versuchte man, die vorhandenen militärischen Fähigkeiten der Sowjetunion einzuschätzen, andererseits eine längerfristig angelegte machtpolitische Analyse einzubeziehen, die die geostrategische Lage des Deutschen Reiches berücksichtigte und eine perspektivische Einschätzung der Politik und Rüstung der Sowjets enthielt. Das Bild entsprach im Wesentlichen dem von 1933 und ließ der deutschen militärischen Führung einen sehr kurzen Feldzug gegen die Rote Armee aussichtsreich erscheinen.[46] Zusätzlich stand man noch unter dem Gefühl des Triumphes über Frankreich als – so zumindest der Eindruck – stärkste Militärmacht des Kontinents. Demgemäß legte Generaloberst Franz Halder, Generalstabschef des Heeres, im Juli 1940 in seinem Kriegstagebuch die groben Ausmaße dar, die ein Angriff auf die Sowjetunion umfassen würde. Der Feldzug würde vier bis sechs Wochen andauern, es wären 80 bis 100 deutsche Divisionen nötig, die 50 bis 75 guten sowjetischen Divisionen gegenüberständen. Bedenken hatte man lediglich hinsichtlich der Entlastung, die England dadurch erfahren würde und hinsichtlich der USA, die „an England und Russland liefern" könnten, nicht allerdings gegenüber der Sowjetunion selbst.[47] Auch infolge der fast vollständigen Ermordung des höheren Offizierskorps der Roten Armee 1937 durch den Befehl Stalins wurden Organisation, Ausstattung und Führungsmittel für ungenügend befunden. Die sowjetischen Streitkräfte seien zwar zahlenmäßig überlegen, ihre Führungsgrundsätze wären gut, die Führung selbst aber zu unerfahren.

---

[45] Vgl. Arnold, Klaus Jochen: Die Wehrmacht und die Besatzungspolitik in den besetzten Gebieten der Sowjetunion. Kriegführung und Radikalisierung im „Unternehmen Barbarossa", Berlin 2005, S. 62f.
[46] Vgl. ebenda, S. 64f.
[47] Vgl. Arbeitskreis für Wehrforschung Stuttgart (Hrsg.): Generaloberst Franz Halder: Kriegstagebuch. Tägliche Aufzeichnungen des Chefs des Generalstabes des Heeres 1939-1942, Band 1-3, Stuttgart 1962-1964, Band 2, S. 32f (22.07.1940).

Der Armee fehle es an Persönlichkeiten, einer neuzeitlich ausgerüsteten, in der Führung überlegenen Streitmacht könne sie nicht gewachsen sein.[48]

Vor allem Halder erwies sich als Exponent dieser leichtfertigen Einstellung. Er vertrat in stetiger Haltung den Primat des operativen Denkens, die Beurteilung des Gegners und die logistischen Schwierigkeiten waren allenfalls Fragen zweiten oder dritten Ranges.[49] Auf dieser Grundlage entwarf er bereits am 26. Juli 1940 einen Plan, nach dem „die günstigste Operationsmöglichkeit mit Anlehnung an die Ostsee Richtung Moskau nimmt und dann die russische Kräftegruppe in der Ukraine und am Schwarzen Meer von Norden her zum Kampf mit verkehrter Front zwingt."[50] In der militärischen Führung insgesamt dominierte das traditionelle Bild von Russland als einem „tönernen Koloss", dessen Zusammenbruch durch einen starken Stoß von außen schnell herbeigeführt werden kann. Der rasche Sieg über Frankreich, die erfolgreichen Feldzüge in schwierigen Gebieten Südosteuropas und militärisch nicht überzeugenden Leistungen der Roten Armee in Polen und Finnland riefen ein Überlegenheitsdenken hervor, welches einen Angriff auf die Sowjetunion nur noch zu einer Frage des richtigen operativen Ansatzes machte.[51]

4.2 Das Scheitern des Blitzkriegskonzepts

Ein „Blitzkrieg" ist „in erster Linie eine Form operativer Führung, in der durch den verstärkten Einsatz moderner technischer Kampfmittel, wie etwa Panzer, Flugzeuge und Luftlandetruppen eine qualitativ neue Stufe des Bewegungskrieges erreicht wird."[52] Dem Rahmen der Vorstellungen von der Kampfkraft der Sowjetunion entspricht auch die deutsche strategische Ausrichtung.

Die Tatsache, dass das Deutsche Reich vor dem Angriff auf die Sowjetunion Feldzüge vollzogen hatte, die als „Blitzkriege" bezeichnet werden können, ist unumstritten. In der wissenschaftlichen Diskussion weit weniger unumstritten ist die Frage nach dem strategischen Konzept und der politisch-ökonomischen Rahmenplanung, die hinter dieser Art von Kriegführung standen. Damit verbunden ist die Ungewissheit, ob Hitler dezidiert und von Beginn seiner Machtergreifung die Absicht hatte, ausschließlich Blitzkriege zu führen und

---

[48] Vgl. Arnold: Wehrmacht und Besatzungspolitik, S. 63.
[49] Vgl. Hillgruber, Andreas: Die Zerstörung Europas. Beiträge zur Weltkriegsepoche 1914-1945, Frankfurt/Main/Berlin 1988, S. 258.
[50] Halder: KTB, Band 2, S. 37 (26.07.1940).
[51] Vgl. Hillgruber: Zerstörung Europas, S. 268.
[52] Kroener, Bernhard R.: Der „erfrorene Blitzkrieg". Strategische Planungen der deutschen Führung gegen die Sowjetunion und die Ursache ihres Scheiterns, in: Wegner, Bernd (Hrsg.): Zwei Wege nach Moskau. Vom Hitler-Stalin-Pakt bis zum „Unternehmen Barbarossa", München 1991, S. 133.

danach die Wirtschaftsplanung des Reiches ausrichtete, obwohl er selbst den Begriff des „Blitzkrieges" nie verwendet haben wollte und als „ganz blödsinniges Wort"[53] abtat. Andererseits besteht die Möglichkeit einer Ad-hoc-Reaktion auf die jeweiligen politischen und militärischen Gegebenheiten in der Zeit zwischen 1939 und 1945. In jedem Fall wurden auf diesem Gebiet Fehler begangen, die sich für die Deutschen negativ auf den Kriegsausgang auswirkten.

Einen Pol in der wissenschaftlichen Auseinandersetzung diesbezüglich bildet die Darstellung Alan Milwards[54]. Der Autor stellt fest, dass die nationalsozialistische Führung die deutschen Rüstungskapazitäten von Anfang an nur partiell mobilisierte und eine festumrissene Blitzkriegsstrategie im Blick hatte, welche sie bis zur Jahreswende 1941/42 auch durchhielt. Dementsprechend sei Deutschland vor dem Krieg auf „Breitenrüstung" statt auf „Tiefenrüstung" eingestellt gewesen, die Wirtschaft also so organisiert, eine große Menge verfügbaren Rüstungsmaterials bereitstellen zu können, ohne jedoch grundlegende Investitionen und Neuentwicklungen vorzunehmen, um in einem längeren Krieg gegen Mächte mit weit reichenden Möglichkeiten zur Massenproduktion zu bestehen. Demnach besaßen die Deutschen einen hohen Rüstungsstand bei gleichzeitig geringem Rüstungspotenzial. Die Umstellung auf eine reine Kriegswirtschaft in den Jahren 1943 und 1944 aber sei ungleich schwerer als in Friedenszeiten gewesen. Solange also die Rahmenbedingungen eines Feldzuges der Blitzkriegsstrategie entsprochen hätten, wäre Deutschland erfolgreich gewesen. Einen Zermürbungskrieg gegen auf lange Sicht wirtschaftlich stärkere Gegner – wie der gegen die Sowjetunion in Verbindung mit den anderen Fronten des Krieges – hätte es nicht gewinnen können. Zu Beginn des Zweiten Weltkrieges sei die deutsche Rüstung fertig gewesen, was den entscheidenden militärischen Vorteil begründete. Die grundlegende wirtschaftliche Schwäche im Vergleich zu den Vereinigten Staaten oder der Sowjetunion hätte sich erst längerfristig offenbaren können.[55]

Konträr zur Darstellung Milwards steht die These von Richard Overy. Danach war die politische Führung des Deutschen Reiches bereits zu Beginn des Krieges bemüht, die totale Mobilisierung der deutschen Wirtschaft zu erreichen, scheiterte jedoch in der ersten Kriegshälfte daran. Im Gegensatz zu Milward, der einen der Gründe für eine Blitzkriegsstrategie in der Absicht des Regimes sah, die Bevölkerung nicht vollends

---

[53] Domarus, Max: Hitler. Reden und Proklamationen 1932-1945. Kommentiert von einem deutschen Zeitgenossen, Band 2, Wiesbaden 1973, S. 1776.
[54] Milward, Alan S.: Die deutsche Kriegswirtschaft 1939-1945, Stuttgart 1966.
[55] Vgl. ebenda, S. 13ff. Milward geht in seinem Werk ausführlich auf die Gründe für die deutsche Blitzkriegsstrategie aus seiner Sicht ein. Deren Darstellung würde den begrenzten Rahmen dieser Arbeit jedoch sprengen.

mobilisieren zu wollen bzw. zu können, ist nach Ansicht Overys ein durch den Krieg erzwungener, erheblicher Konsumverzicht des deutschen Volkes nicht von der Hand zu weisen. Auch der Mobilisierungsgrad der der Industriearbeiterschaft sei sehr viel größer gewesen als ursprünglich angenommen.[56]

Die Betrachtung dieser Extreme lässt letztendlich einen Mittelweg zwischen beiden Interpretationen am sinnvollsten erscheinen. Ein strategisches Konzept von kurzen Kriegen war dem Deutschen Reich durch seine geopolitische Lage fast zwangsläufig auferlegt. Im Stil von Polizeiaktionen – also ohne Kriegserklärung und ohne vollständige Mobilisierung der Kriegswirtschaft – erweiterte Deutschland in den dreißiger Jahren auf Kosten der unmittelbaren Nachbarn seine unzureichende Rohstoff- und Rüstungsbasis. Der Befehl zur Mobilmachung der Wirtschaft folgte erst nach der Kriegserklärung der Westmächte am 3. September 1939. Die organisatorischen Voraussetzungen einer partiellen Mobilisierung im Sinne Milwards waren zu diesem Zeitpunkt ebenso wenig zu erkennen wie die einer totalen Mobilmachung nach der Interpretation Overys. Die Zentralbehörden der Zivilwirtschaft – wie der Vierjahresplan oder der Generalbevollmächtigte für die Wirtschaft – und die militärische Wehrwirtschaftsbürokratie verfügten über keine für eine gesteuerte Mobilmachung notwendigen volkswirtschaftlichen Plandaten, eine „Volkskartei" als zentrales Instrument zur Erfassung und Verteilung der Gesamtbevölkerung im Kriegsfalls befand sich zu diesem Zeitpunkt lediglich im Stadium theoretischer Überlegungen. Die Zurückstellung kriegswichtiger Arbeitskräfte vom Militärdienst fand erst ihren Anfang.[57]

Gleichzeitig kann im Herbst 1939 auch in den Führungsgremien der Wehrmacht kein einheitliches Blitzkriegskonzept erkannt werden. Die strategische Ausrichtung Deutschlands wurde innerhalb weniger Monate mehrfach geändert. Beispielsweise standen sowohl ein „besonderer Einsatz" mit begrenzten Kräften über eine mehrjährige Kriegsdauer als auch die schnelle Kriegsentscheidung unter Mobilisierung aller verfügbaren Kapazitäten zur Disposition. Noch im Anfang Mai 1940 hatten die Erfordernisse eines kräftezehrenden Abnutzungskrieges Priorität vor typischen Kampfmitteln eines Blitzkrieges, wie Panzern und Kraftfahrzeugen. Statt einer Ausweitung der Heeresmotorisierung als Grundlage für diese Art von Kriegführung verfolgte man die vermehrte Aufstellung wenig beweglicher Infanteriedivisionen. Diesem mehrfachen Wechsel der Strategie konnte die Kriegswirtschaft auf Dauer nicht gewachsen sein.[58]

---

[56] Vgl. Overy, Richard: „Blitzkriegswirtschaft"? Finanzpolitik, Lebensstandard und Arbeitseinsatz in Deutschland 1939-1942, in: Vierteljahreshefte für Zeitgeschichte 36/3 (1988), S. 379-435.
[57] Vgl. Kroener: Der „erfrorene Blitzkrieg", S. 135.
[58] Vgl. ebenda, S. 136f.

Der schnelle Sieg über Frankreich, dem Angstgegner aus dem Ersten Weltkrieg, war in dieser Form vorher nicht erwartet worden. Erst dadurch entstand auf deutscher Seite eine operative Planung, die sich als weitestgehend realitätsfern erwies.[59] Selbst Halder lief mit den Vorstellungen Hitlers zur künftigen Strukturierung der Landstreitkräfte nicht konform. In einem Gespräch mit Reinhard Gehlen, Angehöriger der Abteilung Landesbefestigung im Oberkommando des Heeres (OKH), am 18. Juni 1940 entwarf er ein Konzept zur „offensiven Verteidigung" im Osten.[60] Nach Halders Überzeugung musste eine teilweise Demobilisierung der Landstreitkräfte verhindert werden, da ein Krieg gegen die Sowjetunion vor dem Hintergrund der konträren ideologischen Fixierungen beider Staaten auf längere Sicht nicht zu verhindern wäre. Hitler hatte kurz zuvor erklärt, dass die Aufgaben des Heeres in diesem Krieg im Wesentlichen erfüllt ist und selbiges von daher von 159 Großverbänden auf 120 Divisionen zugunsten der Luftwaffe und Marine zu verringern sei. Der Krieg gegen England hatte demnach oberste Priorität. Trotz dieses Befehls zur Umsteuerung des der Rüstung gelang es der Führung des Heeres, bis Ende Juli 1940 wesentliche Kapazitäten zu sichern.[61]

In der seiner Reichstagsrede vom 19. Juli 1940 ließ Hitler wiederum erkennen, dass er einen friedlichen Ausgleich mit England nicht mehr für möglich hält.[62] Infolgedessen ließ er sich am 22. Juli in einer Lagebesprechung vom Fortgang der Operationen berichten und fasste einen Feldzug gegen die Sowjetunion zum frühestmöglichen Zeitpunkt ins Auge. Halder schrieb: „Russisches Problem in Angriff nehmen. Gedankliche Vorbereitungen treffen."[63] Infolgedessen war der Umsteuerungsbefehl von einer Woche zuvor beinahe Makulatur geworden.

Bereits im Zeitraum von zwei Wochen nach dieser Besprechung wurden die planerischen Konturen eines Blitzkriegskonzeptes gegen die Sowjetunion deutlich. Der Beginn des Angriffs (zu diesem Zeitpunkt zum 1. Mai 1941 geplant) bezog sich bewusst auf ein Kriegsheer, dessen Reserven an Material und Personal nur eine zeitlich begrenzte Kriegsdauer zuließen, welche auf etwa vier bis fünf Monate veranschlagt war. Längerfristig angelegte Kapazitäten zur gleich bleibenden Versorgung in einem lang anhaltenden Konflikt wurden vernachlässigt, ein auf den Angriffstag hin geplanter Produktionsausstoß erhielt Priorität.

---

[59] Vgl. ebenda, S. 137.
[60] Vgl. Halder: KTB, Band 1, S. 362 (18.06.1940).
[61] Vgl. Kroener, Bernhard R.: Die personellen Ressourcen des Dritten Reiches im Spannungsfeld zwischen Wehrmacht, Bürokratie und Kriegswirtschaft 1939-1942, in: ders. / Müller, Rolf-Dieter / Umbreit, Hans: Das Deutsche Reich und der Zweite Weltkrieg, Band 5/1: Organisation und Mobilisierung des deutschen Machtbereichs. Kriegsverwaltung, Wirtschaft und personelle Ressourcen 1939-1941, Stuttgart 1988, S. 833.
[62] Vgl. Reichstagsrede Hitlers vom 19. Juli 1940, Auszug, in: Salewski, Michael (Hrsg.): Deutsche Quellen zur Geschichte des Zweiten Weltkriegs, Darmstadt 1998, S. 114f.
[63] Halder: KTB, Band 2, S. 32 (22.07.1940).

Somit waren schon im August 1940 die Weichen in der Rüstungswirtschaft für einen Blitzkrieg im Osten gestellt.[64]

Daher erweist sich weder die Darstellung von einer konsequenten und sich durch gesamten den Zeitraum der nationalsozialistischen Herrschaft ziehende Blitzkriegskonzeption, wie sie Milward zu erkennen glaubte, als zutreffend, noch die Auffassung Overys, nach der die politische Führung des Dritten Reiches durchaus eine totale Mobilmachung der Wirtschaft anstrebte. Bis zum Beginn des Feldzuges gegen Frankreich herrschte, zumindest auf latente Art und Weise, die Angst vor einer Wiederholung der Stellungskriege des Ersten Weltkrieges vor. Nach dem in dieser Form nicht erwarteten schnellen Sieg über die Franzosen erschien eine effizient gesteuerte „Blitzkriegswirtschaft" als die ideale Antwort auf die bestehende ökonomischen Unterlegenheit gegenüber Mächten wie der Sowjetunion oder den Vereinigten Staaten und die daraus entstehenden Probleme einer militärischen Konfrontation mit ihnen. Wenn man alle realistischen Faktoren eines solchen Feldzuges – vor allem die für die deutschen Streitkräfte sehr ungünstigen Verhältnisse von weitem Raum, unbefestigten Straßen, schlechtem Wetter und dementsprechenden Transportkapazitäten – berücksichtigt, erhielt das Heer für den Angriff im Osten dennoch nicht einmal die für einen Sieg unter idealen Bedingungen erforderliche Ausrüstung. Nicht zuletzt der von Hitler selbst geförderte Machtkampf zwischen den Spitzen der nachgeordneten militärischen Führungszentren verhinderte eine zwingend notwendige, einheitliche Rüstungsplanung und –lenkung im Oberkommando der Wehrmacht (OKW). Gleichzeitig sollte die deutsche Bevölkerung keinesfalls überbeansprucht werden. Diese Tatsache – zusammen mit einer massiven Überschätzung der eigenen Fähigkeiten infolge des Sieges über Frankreich und ideologisch begründetem, rassischem Überlegenheitsdenken gegenüber den Sowjets – ließ nicht einmal die Absicht offenbar werden, die Leistungsreserven der deutschen Volkswirtschaft bis an ihre Grenzen auszuschöpfen und die Bevölkerung vollends zu mobilisieren, um die Rote Armee endgültig zu bezwingen. Ähnlich verhielt es sich auch mit der Rüstung des Heeres. Eine Umstellung zugunsten der Luftwaffe und Marine erfolgte zu früh, die Anschlussplanungen der Heeresführung waren diesbezüglich ungeeignet. Die materielle und personelle Ausstattung der Landstreitkräfte konnte vor und insbesondere während des Feldzuges gegen die Sowjetunion nicht im notwendigen Maße gewährleistet werden. Der einzige von der deutschen militärischen Führung während des Zweiten Weltkriegs dezidiert als solcher geplante „Blitzkrieg" war somit zum Scheitern verurteilt.[65]

---

[64] Vgl. Kroener: Der „erfrorene Blitzkrieg", S. 138f.
[65] Vgl. ebenda, S. 145f.

4.3 Fehler in der Wirtschaftsplanung

Hitler hatte sich seit seiner Machtergreifung die notwendige Macht erschafft, um gleichzeitig als Staatsoberhaupt und Oberbefehlshaber der Wehrmacht fungieren zu können. Dennoch hatte es im Deutschen Reich keine zentral geplante und gelenkte Wirtschaft wie in der Sowjetunion gegeben, die auch zu entsprechenden Leistungen fähig gewesen wäre, aber auch keine dezidiert kapitalistische Struktur wie die Vereinigten Staaten, die fast ausschließlich auf privates Unternehmertum ausgerichtet werden konnte. Das Machtsystem als Ganzes war wenig koordiniert, Hitlers Befehle wurden mit abnehmender Hierarchieebene häufig verwässert und entstellt, zahlreiche Apparate behinderten sich gegenseitig. Die Industrieproduktion, vorwiegend für die Rüstung, wurde von militärischen Behörden bestimmt. Dies bewirkte zwar eine Waffenfertigung von sehr hoher Qualität. Allerdings stützte man sich nicht auf bewährte und standardisierte Verfahren. Die Wehrmacht benutzte in der Mitte des Krieges 425 verschiedenen Flugzeugtypen und Produktionsvarianten, 151 Bauarten von Lastwagen und 150 verschiedene Krafträder, welche demgemäß sehr viele unterschiedliche Ersatzteile und die nötige Erfahrung zu deren Einbau an der Front benötigten. Diese Typenbreite ließ eine Massenproduktion nicht zu.[66] Folglich erkannte Hitler, allerdings erst im Dezember 1941, einem letztendlich zu späten Zeitpunkt, dass „die bisherigen Anforderungen der Wehrmacht-Dienststellen an die einzelnen Waffen und Geräte [.] ihren Ursprung in einer kleineren Wehrmacht und einem geringeren Verschleiß [haben]; es wurde zudem eine technisch und schönheitlich vollkommene Ausrüstung bester Werksmannsarbeit verlangt. Die Konstruktionselemente und Fabrikationsmethoden entsprachen daher diesen Gesichtspunkten. Demgegenüber erfordert die gebotene Umstellung auf die Massenfertigung einen grundlegenden Wandel dahingehend, dass die Konstruktionen auf Massenfertigung eingestellt und die Fabrikationsmethoden entsprechend eingerichtet werden."[67] Der übermäßige Einfluss der militärischen Führung auf die Auswahl und Entwicklung einer jeden Waffe, der bisher durch eine Vielzahl an Forderungen und Programmen die Festlegung auf für eine effiziente Kriegführung notwendige Prioritäten verhinderte, sollte wesentlich vermindert werden. Erst jedoch mit der Ernennung Albert Speers zum Rüstungsminister wenige Monate später konnte ein Wendepunkt in der Rüstungsproduktion verzeichnet werden.

---

[66] Vgl. Overy: Wurzeln des Sieges, S. 259ff.
[67] „Führererlass" vom 3.12.1941, in: Moll, Martin (Zusammenstellung und Einleitung): „Führer-Erlasse" 1939-1945. Edition sämtlicher überlieferter, nicht im Reichsgesetzblatt abgedruckter, von Hitler während des Zweiten Weltkrieges schriftlich erteilter Direktiven aus den Bereichen Staat, Partei, Wirtschaft, Besatzungspolitik und Militärverwaltung, Stuttgart 1997, S. 211.

Aus der eher handwerklich orientierten Waffenfertigung wurde eine industrielle Massenproduktion, die eine merkliche Steigerung der Effizienz zur Folge hatte. Speers Reformen griffen allerdings erst im Sommer 1943, zu einer Zeit, in der sich die Massenfertigung in den Vereinigten Staaten und der Sowjetunion lange durchgesetzt hatte und die westlichen Alliierten das Deutsche Reich in vollem Umfang zu bombardieren begannen. Die Rationalisierungsmaßnahmen konnten somit nicht in ihrem ursprünglichen Sinne umgesetzt werden. Produktionsstätten, sofern nicht ohnehin zerstört, mussten abgebaut und Fabriken in Betrieb genommen werden, die nicht nach ihrer technischen Kapazität, sondern nach der geographischen Lage auszuwählen waren. Die Produktion in kleinen, getarnten Gebäuden, Wäldern oder unter Tage behinderte ganz wesentlich die Erhöhung der Produktivität in einer Massenfertigung. Maximale Leistungen konnten unter derartigen Bedingungen nicht erbracht werden.[68]

Der Fehler Hitlers lag dabei – obwohl er selbst 1941 den Übergang zur Massenproduktion befahl – in der Vorstellung, dass wirtschaftliche Faktoren bei den Kriegsanstrengungen keine zentrale Rolle spielten. Rassische Überlegenheit, Willenstärke, Entschlossenheit und Ausdauer erkannte er als wichtiger, die Waffe würde nur in Verbindung mit den moralischen Qualitäten des Soldaten wirksam.[69]

4.4 Weitere Fehler und Probleme

Hitler hatte bereits in seiner Weisung Nr. 21, „Fall Barbarossa", seine Absicht zum Ausdruck gebracht, „die [sowjetische] Rüstungsindustrie während der Hauptoperationen nicht anzugreifen. Erst nach Abschluss der Bewegungsoperationen kommen derartige Angriffe, in erster Linie gegen das Uralgebiet, in Frage"[70]. Die Luftwaffenverbände an der Ostfront sollten also vorerst ausschließlich zur Heeresunterstützung eingesetzt werden, nur Bahnstrecken, Ölleitungen und Seeverbindungen des Gegners sollten unterbrochen werden, in der Regel jedoch keine Anlagen zur Erdölgewinnung, Großtankhäfen oder Umschlaghäfen. Hitler wiederholte dies in seinen Weisungen Nr. 41 und Nr. 45.[71] Die Planungen erwiesen sich jedoch als vollkommen realitätsfern und überstiegen die Möglichkeiten und Ressourcen der Luftwaffe bei weitem.[72] Mit fortschreitendem Kriegsverlauf gerieten das Heer und die

---

[68] Vgl. Overy: Wurzeln des Sieges, S. 264f.
[69] Vgl. ebenda, S. 266.
[70] Hitlers Weisung Nr. 21 vom 18. Dezember 1940, in: Hubatsch: Hitlers Weisungen, S. 100.
[71] Vgl. Hitlers Weisungen Nr. 41 vom 5. April 1942 und Nr. 45 vom 23. Juli 1942, in: Hubatsch: Hitlers Weisungen, S. 213-219 und 227-232.
[72] Ausführlich zu Lage und Strategie der deutschen Luftwaffe und den Ergebnissen der alliierten Luftangriffe: Boog, Horst: Der anglo-amerikanische Luftkrieg über Europa und die deutsche Luftverteidigung, in: ders. / Rahn, Werner / Stumpf, Reinhard / Wegner, Bernd: Das Deutsche Reich und der Zweite Weltkrieg, Band 6, S.

Luftverbände vermehrt in Bedrängnis, die Planungen für ihre Operationen aber wurden noch kühner. Die praxisferne Annahme eines best-case-Szenarios war typisch für deutsche Militärplanung im Zweiten Weltkrieg.[73]

Im Winter 1941 setzten frühzeitig starke Schneefälle ein, die Temperaturen lagen tief unter Null. Im November traten innerhalb des deutschen Heeres die ersten schweren Frostschäden auf. Die Winterbekleidung für die Soldaten fehlte, die Kälte beeinträchtigte die Funktionen von Geschützen und Maschinen, der Betriebsstoff fror teilweise ein.[74] Die Schlechtwetterbedingungen waren ein Faktor, warum der deutsche Vorstoß in diesem Jahr stehen blieb, obgleich nicht der wesentliche. Die Winterversorgung und –bekleidung waren in den Nachschublagern der Wehrmacht durchaus vorhanden, kamen häufig jedoch nicht rechtzeitig an der Front an.[75] Obwohl der Feldzug umfangreichen Vorbereitungen unterlegen hatte, konnte die bereitgestellte Ausrüstung durch die Transportkrise im Herbst 1941 oftmals nicht in die unmittelbare Nähe der Kampfhandlungen gebracht werden. Die wenigen Eisenbahnlinien waren überlastet, lediglich lebensnotwendige Güter, Betriebsstoff und Munition konnten nachgeschoben werden. Aufgrund dieser Probleme bei der Steuerung wurde die Verantwortung dafür erneut den Heeresgruppen angetragen, welche bereitgestellte Züge nach eigenem Ermessen in die Transportpläne einschieben mussten. Eine einheitlich geregelte Nachschubplanung gab es nicht.[76]

Die deutschen Streitkräfte an der Ostfront waren zu diesem Zeitpunkt insofern nicht nur durch den Kälteeinbruch, sondern aufgrund des schlechten Zustandes ihrer eigenen Verbände, dem Zusammenbruch der Versorgung und – nicht zuletzt – dem anhaltend hartnäckigen Widerstand der Sowjets zum Stehen gekommen, wobei die sowjetischen Truppen weitaus besser auf die örtlichen Gegebenheiten und die Wetterlage eingestellt waren. Unter anderem diese Planungsfehler der Deutschen waren Folge der bereits beschriebenen, völligen Fehleinschätzung der Fähigkeiten und der Verteidigungskraft der Roten Armee.[77]

427-565 sowie Boog, Horst: Strategischer Luftkrieg in Europa und Reichsluftverteidigung 1943-1944, in: ders. / Krebs, Gerhard / Vogel, Detlef: Das Deutsche Reich und der Zweite Weltkrieg, Band 7: Das Deutsche Reich in der Defensive. Strategischer Luftkrieg in Europa, Krieg im Westen und in Ostasien 1943-1944/45, Stuttgart/München 2001, S. 1-415.
[73] Vgl. Boog: Strategischer Luftkrieg, S. 356.
[74] Vgl. Shirer, William L.: Aufstieg und Fall des Dritten Reiches, Band 2, Köln/Berlin 1963, S. 916f.
[75] Vgl. Ueberschär, Gerd R.: Das Scheitern des Unternehmens „Barbarossa". Der deutsch-sowjetische Krieg vom Überfall bis zur Wende vor Moskau im Winter 1941/42, in: ders. / Wette, Wolfram (Hrsg.): „Unternehmen Barbarossa". Der deutsche Überfall auf die Sowjetunion 1941: Berichte, Analysen, Dokumente, Paderborn 1984, S. 165f.
[76] Vgl. Arnold: Wehrmacht und Besatzungspolitik, S. 223f.
[77] Vgl. Ueberschär: Scheitern des Unternehmens „Barbarossa", S. 167.

5 Schlussbetrachtung

Die Evakuierung der sowjetischen Industrie in den Osten des Landes, die infolgedessen – trotz der logistischen Schwierigkeiten – erfolgreiche Wiederaufnahme und Weiterentwicklung der Massenproduktion von Kriegsgerät unter einer detaillierten Planung der sowjetischen Führung sowie die Mobilisierung sämtlicher Kräfte der Bevölkerung erwiesen sich als die tragenden Säulen, die einen Zusammenbruch der sowjetischen Wirtschaft und somit eine Niederlage gegen die deutsche Wehrmacht verhinderten. Auch das Faktum des Guerillakrieges der Partisanen in den von den Deutschen eroberten Gebieten konnte der Roten Armee eine gewisse Entlastung bringen. Den sowjetischen Bürgern mangelte es während des Krieges oftmals an den grundlegendsten Voraussetzungen zum Überleben, da der Versorgung der Streitkräfte sämtliche zivilen Bedürfnisse untergeordnet wurden. Das war der Preis, den das Land für die erfolgreiche Abwehr der deutschen Aggression zahlen musste.

Gleichzeitig stellt das verzerrte und keinesfalls realistische Bild der deutschen Führung von der Kampfkraft und Verteidigungsfähigkeit der Sowjetunion und ihrem Rüstungspotenzial das Grundübel für die Planungen des „Unternehmens Barbarossa" dar. Das traditionelle Russlandbild der Militärs – weniger die von Hitler gepredigte ideologische Komponente vom rassisch unterlegenen „Untermenschen" – stand dabei im Vordergrund. Gepaart mit einem völlig vermessenen Überlegenheitsdenken, das vordergründig aus dem Übermut des rasch gewonnenen Frankreichfeldzuges stammte, und den anderen, beschriebenen Gründen wurden Planungsfehler sowohl wirtschaftlicher als auch militärtaktischer Art vollzogen, die sich letztendlich fatal auf die Ergebnisse deutscher Kriegführung auswirkten.

All diese Umstände zusammengenommen machen das Scheitern des „Unternehmens Barbarossa" verständlich.

6 Quellen:

Arbeitskreis für Wehrforschung Stuttgart (Hrsg.): Generaloberst Franz Halder: Kriegstagebuch. Tägliche Aufzeichnungen des Chefs des Generalstabes des Heeres 1939-1942, Band 1-3, Stuttgart 1962-1964 (zitiert als: Halder: KTB)

Domarus, Max: Hitler. Reden und Proklamationen 1932-1945. Kommentiert von einem deutschen Zeitgenossen, Band 2, Wiesbaden 1973.

Fröhlich, Elke (Hrsg.): Die Tagebücher von Joseph Goebbels, Teil 1, Aufzeichnungen von 1923-1941, Band 9: Dezember 1940 – Juli 1941, München 1998.

Hubatsch, Walther (Hrsg.): Hitlers Weisungen für die Kriegführung 1939-1945. Dokumente des Oberkommandos der Wehrmacht, München 1965 (zitiert als: Hitlers Weisungen).

Moll, Martin (Zusammenstellung und Einleitung): „Führer-Erlasse" 1939-1945. Edition sämtlicher überlieferter, nicht im Reichsgesetzblatt abgedruckter, von Hitler während des Zweiten Weltkrieges schriftlich erteilter Direktiven aus den Bereichen Staat, Partei, Wirtschaft, Besatzungspolitik und Militärverwaltung, Stuttgart 1997.

Salewski, Michael (Hrsg.): Deutsche Quellen zur Geschichte des Zweiten Weltkriegs, Darmstadt 1998.

6.1 Darstellungen:

Arnold, Klaus Jochen: Die Wehrmacht und die Besatzungspolitik in den besetzten Gebieten der Sowjetunion. Kriegführung und Radikalisierung im „Unternehmen Barbarossa", Berlin 2005 (zitiert als: Wehrmacht und Besatzungspolitik).

Boog, Horst / Rahn, Werner / Stumpf, Reinhard / Wegner, Bernd.: Das Deutsche Reich und der Zweite Weltkrieg, Band 6: Der globale Krieg. Die Ausweitung zum Weltkrieg und der Wechsel der Initiative 1941-43, Stuttgart 1990.

Boog, Horst: Der anglo-amerikanische Luftkrieg über Europa und die deutsche Luftverteidigung, in: ders. / Rahn, Werner / Stumpf, Reinhard / Wegner, Bernd: Das Deutsche Reich und der Zweite Weltkrieg, Band 6: Der globale Krieg. Die Ausweitung zum Weltkrieg und der Wechsel der Initiative 1941-43, Stuttgart 1990, S. 427-565.

Boog, Horst / Krebs, Gerhard / Vogel, Detlef: Das Deutsche Reich und der Zweite Weltkrieg, Band 7: Das Deutsche Reich in der Defensive. Strategischer Luftkrieg in Europa, Krieg im Westen und in Ostasien 1943-1944/45, Stuttgart/München 2001.

Boog, Horst: Strategischer Luftkrieg in Europa und Reichsluftverteidigung 1943-1944, in: ders. / Krebs, Gerhard / Vogel, Detlef: Das Deutsche Reich und der Zweite Weltkrieg, Band 7: Das Deutsche Reich in der Defensive. Strategischer Luftkrieg in Europa, Krieg im Westen und in Ostasien 1943-1944/45, Stuttgart/München 2001, S. 1-415 (zitiert als: Strategischer Luftkrieg).

Dallin, David J. / Nicolaevsky, Boris: Arbeiter oder Ausgebeutete? Das System der Arbeitslager in Sowjet-Russland, München 1948.

Greenfield, Kent R.: Die amerikanische Luftkriegführung in Europa und Ostasien 1942-1945, in: Hillgruber, Andreas (Hrsg.): Probleme des Zweiten Weltkriegs, Köln/Berlin 1967, S. 292-311.

Harrison, Mark: „Barbarossa": Die sowjetische Antwort, 1941, in: Wegner, Bernd (Hrsg.): Zwei Wege nach Moskau. Vom Hitler-Stalin-Pakt zum „Unternehmen Barbarossa", München 1991, S. 443-463 (zitiert als: „Barbarossa).

Harrison, Mark: Soviet planning in peace and war 1938-1945, Cambridge u.a. 1985 (zitiert als: Soviet planning).

Hillgruber, Andreas (Hrsg.): Probleme des Zweiten Weltkriegs, Köln/Berlin 1967.

Hillgruber, Andreas: Die Zerstörung Europas. Beiträge zur Weltkriegsepoche 1914-1945, Frankfurt/Main/Berlin 1988 (zitiert als: Zerstörung Europas).

Hoffmann, Joachim: Die Kriegführung aus Sicht der Sowjetunion, in: Boog, Horst / Förster, Jürgen / ders. / Klink, Ernst / Müller, Rolf-Dieter / Ueberschär, Gerd R.: Der Angriff auf die Sowjetunion, Frankfurt/Main 1996, S. 848-964 (zitiert als: Kriegführung aus Sicht der Sowjetunion).

Kroener, Bernhard R. / Müller, Rolf-Dieter / Umbreit, Hans: Das Deutsche Reich und der Zweite Weltkrieg, Band 5/1: Organisation und Mobilisierung des deutschen Machtbereichs. Kriegsverwaltung, Wirtschaft und personelle Ressourcen 1939-1941, Stuttgart 1988

Kroener, Bernhard R.: Die personellen Ressourcen des Dritten Reiches im Spannungsfeld zwischen Wehrmacht, Bürokratie und Kriegswirtschaft 1939-1942, in: ders. / Müller, Rolf-Dieter / Umbreit, Hans: Das Deutsche Reich und der Zweite Weltkrieg, Band 5/1: Organisation und Mobilisierung des deutschen Machtbereichs. Kriegsverwaltung, Wirtschaft und personelle Ressourcen 1939-1941, Stuttgart 1988, S. 691-1001.

Kroener, Bernhard R.: Der „erfrorene Blitzkrieg". Strategische Planungen der deutschen Führung gegen die Sowjetunion und die Ursache ihres Scheiterns, in: Wegner, Bernd (Hrsg.): Zwei Wege nach Moskau. Vom Hitler-Stalin-Pakt bis zum „Unternehmen Barbarossa", München 1991, S. 133-148 (zitiert als: Der „erfrorene Blitzkrieg").

Militärgeschichtliches Forschungsamt (Hrsg.): Das Deutsche Reich und der Zweite Weltkrieg, 9 Bände, Stuttgart 1979-2005.

Milward, Alan S.: Die deutsche Kriegswirtschaft 1939-1945, Stuttgart 1966.

Murray, Williamson: Der Luftkrieg von 1914 bis 1945, Berlin 2000.

Overy, Richard: „Blitzkriegswirtschaft"? Finanzpolitik, Lebensstandard und Arbeitseinsatz in Deutschland 1939-1942, in: Vierteljahreshefte für Zeitgeschichte 36/3 (1988), S. 379-435.

Overy, Richard: Die Wurzeln des Sieges. Warum die Alliierten den Zweiten Weltkrieg gewannen, Stuttgart/München 2000 (zitiert als: Wurzeln des Krieges).

Overy, Richard: Russlands Krieg 1941-45, Hamburg 2003.

Parker, Robert A.C.: Das Zwanzigste Jahrhundert I. Europa 1918-1945, Band 2: Vom Imperialismus zum Kalten Krieg, Frankfurt/Main 2003.

Schüler, Klaus A. Friedrich: Logistik im Russlandfeldzug. Die Rolle der Eisenbahn bei Planung, Vorbereitung und Durchführung des deutschen Angriffs auf die Sowjetunion bis zur Krise vor Moskau im Winter 1941/42, Frankfurt/Main 1987 (zitiert als: Logistik im Russlandfeldzug).

Segbers, Klaus: Die Sowjetunion im Zweiten Weltkrieg. Die Mobilisierung von Verwaltung, Wirtschaft und Gesellschaft im "Großen Vaterländischen Krieg" 1941 - 1943, München 1987 (zitiert als: Sowjetunion im Zweiten Weltkrieg).

Shirer, William L.: Aufstieg und Fall des Dritten Reiches, Band 2, Köln/Berlin 1963.

Ueberschär, Gerd R. / Wette, Wolfram (Hrsg.): „Unternehmen Barbarossa". Der deutsche Überfall auf die Sowjetunion 1941: Berichte, Analysen, Dokumente, Paderborn 1984.

Ueberschär, Gerd R.: Das Scheitern des Unternehmens „Barbarossa". Der deutsch-sowjetische Krieg vom Überfall bis zur Wende vor Moskau im Winter 1941/42, in: ders. /

Wette, Wolfram (Hrsg.): „Unternehmen Barbarossa". Der deutsche Überfall auf die Sowjetunion 1941: Berichte, Analysen, Dokumente, Paderborn 1984, S. 141-172 (zitiert als: Scheitern des Unternehmens „Barbarossa).

Werth, Alexander: Rußland im Krieg 1941-1945, München 1967.

Werth, Nicolas: Ein Staat gegen sein Volk. Das Schwarzbuch des Kommunismus – Sowjetunion, München 2002.

Wegner, Bernd: Der Krieg gegen die Sowjetunion 1942/43, in: Boog, Horst / Rahn, Werner / Stumpf, Reinhard / ders.: Das Deutsche Reich und der Zweite Weltkrieg, Band 6: Der globale Krieg. Die Ausweitung zum Weltkrieg und der Wechsel der Initiative 1941-43, Stuttgart 1990, S. 759-1102 (zitiert als: Krieg gegen die Sowjetunion).

Wegner, Bernd (Hrsg.): Zwei Wege nach Moskau. Vom Hitler-Stalin-Pakt bis zum „Unternehmen Barbarossa", München 1991.

CPSIA information can be obtained
at www.ICGtesting.com
Printed in the USA
BVHW03s1650181018
530416BV00052B/1122/P

9 783638 908788